Anonymus

Historischer Führer durch die Stadt Braunschweig

EHV
HISTORY

Anonymus

Historischer Führer durch die Stadt Braunschweig

ISBN/EAN: 9783955640538

Auflage: 1

Erscheinungsjahr: 2013

Erscheinungsort: Bremen, Deutschland

EHV
HISTORY

Öffentliches Verkehrswesen.

Eisenbahnen.

I. Haupt-Bahnhof der Staatsbahn, im Süden der Stadt, am Friedrich-Wilhelms-Platz.

II. Nord-Bahnhof der Braunschweig. Landesbahn,

 a) für die Züge über Thiede, Hoheweg, Immendorf, Barum, Heerte, Salder, Lichtenberg, Osterlinde, Burgdorf, Derneburg nach **Seesen**.

 b) Gliesmarode, Rautheim, Hötzum, Salzdahlum, Ahlum, Wendessen, Gr. Denkte, Wittmar, Remlingen, Semmenstedt, Winnigstedt, Mattierzoll, Hessen, Dardesheim, Zilly nach **Heudeber** (Anschluss nach Halberstadt—Halle—Leipzig).

 c) Gliesmarode, Rautheim, Hötzum, Sickte, Lucklum, Evessen, Ampleben-Kneitlingen, Schöppenstedt, Gr.-Dahlum, Hoiersdorf, Schöningen, Hötensleben, Kauzleben, Ausleben, Ottleben, Hornhausen nach **Oschersleben**. (Anschluss nach Magdeburg-Berlin.)

III. West-Bahnhof, Haltestelle für alle Züge von und nach dem Nordbahnhofe.

IV. Bahnhof Gliesmarode, Haltestelle für die vom Haupt-Bahnhofe kommenden Züge nach Querum, Wenden-Bechtsbüttel, Meinholz, Meine, Rötgesbüttel, **Isenbüttel,** mit Anschluss nach Gifhorn-Uelzen-Hamburg einerseits und Charlottenburg-Berlin andererseits.

Tarif der Gepäckträger auf dem Bahnhofe.

A. Für Dienstleistungen resp. Gepäckbeförderung nur auf oder vor dem Bahnhofe: für Gepäck bis 25 kg 20 Pfg., für jede angefangenen 25 kg mehr 5 Pfg.

B. Für Gepäckbeförderung von dem Bahnhofe in die Stadt oder von der Wohnung nach dem Bahnhofe: für jede angefangenen 25 kg 20 Pfg., mindestens jedoch 30 Pfg.

Voraussetzung hierbei ist, dass die Wohnung belegen ist: innerhalb des Okergürtels (s. Plan) oder in den südlichen Vorstädten, begrenzt durch den Madamenweg, die Geleise der Landesbahn, die Hannoverschen Gütergeleise, die Helmstedter Bahnstrecke und die Helmstedter Strasse.

Für Wege ausserhalb der Stadt ist ein besonderes Uebereinkommen zu treffen; in zweifelhaften Fällen entscheidet der Vorstand der Gepäckexpedition.

Für die Abfertigung und Auslieferung der Gepäckstücke, Gepäckscheine und Fahrkarten an der Abfertigungsstelle hat das Publikum keine Gebühr zu entrichten.

Droschken=Tarif.

Halteplätze (im Plane durch ⊚ gekennzeichnet):
Am Bahnhofe. — Friedr.-Wilh.-Platz. — Vor der Hauptpost. Kohlmarkt. — Hagenmarkt. — Am Hoftheater.

	1—2 Personen M.	3—4 Personen M.
I. Fahrten innerhalb des städtischen Bezirkes:		
a. bis zu 15 Minuten	0,60	1,—
b. bis zu 30 Minuten	1,—	1,50
c. für jede folgende angefangene Viertelstunde	0,50	0,50
II. Einzelne Fahrten über den städtischen Bezirk hinaus: bis		
a. Gliesmarode, Lehndorf oder Oelper . .	1,50	2,—
b. Riddagshausen oder an das Pawelsche Holz	2,—	2,50
c. Wendenturm, Schöppenstedterturm, Rüningen, Broitzem, Querum, Grüner Jäger, Gr. Weghaus (Klein Stöckheim), Raffturm oder in das Pawelsche Holz	2,—	3,—

III. Alle Fahrten über den städtischen Bezirk hinaus werden nach Nr. I. berechnet.

Für Fahrten in der Nacht von 10 Uhr abends bis 7 Uhr morgens wird der doppelte Fahrpreis berechnet.

An **Aufgeld** bei Bestellung einer Droschke zum sofortigen Gebrauche ist für die Fahrt nach dem Orte der Bestellung zu zahlen:

a) 10 Pfennig für Orte innerhalb des Okergürtels.
b) 20 Pfennig für Orte ausserhalb desselben im städtischen Bezirke.

Kinder, welche noch getragen werden, sind unentgeltlich mitzunehmen; zwei Kinder in Begleitung einer erwachsenen Person gelten für eine erwachsene Person.

Für jedes Gepäckstück über 10 Kilo sind 20 Pfg. zu zahlen, Gepäck unter 10 Kilo ist frei.

Hunde braucht der Kutscher nicht mitzunehmen, im Falle der Mitnahme ist für den Hund 20 Pfg. zu entrichten.

Vorausbezahlung des Fahrgeldes kann der Kutscher verlangen und muss es fordern, wenn es sich um Fahrten nach dem Theater, zu Bällen und ähnlichen Gelegenheiten handelt.

Auf Wunsch muss der Kutscher bei Beginn der Fahrt dem Fahrgaste die Zeit genau angeben.

In der ersten halben Stunde der Fahrt soll stets Trab gefahren werden; nur da, wo dies durch Vorschriften der Behörden verboten ist, oder wenn es der Fahrgast verlangt, ist Schritt zu fahren.

Nach Ausführung einer Fahrt muss der Kutscher wenn es verlangt wird, auf den Fahrgast warten, die Wartezeit darf aber zehn Minuten, wofür keine Entschädigung zu zahlen ist, nicht überschreiten; andernfalls kann der Kutscher verlangen, so bezahlt zu werden, als wenn er von der Ankunft am Ablieferungsorte an auf Zeit angenommen wäre.

Elektrische Strassenbahn.

An den in () gesetzten Strassen fahren die Wagen der betr. Strecke vorbei, nicht entlang.

Linie 1 Schildgrün Licht grün	**Richmond,** Augusttor × 5 Auguststr., Stobenstr. × 7 Bohlweg × 6,4 (Steinweg) Hagenmarkt (Fallerslbstr.) × 3 Wendenstrasse × (Schleinitzstrasse) 2 Hamburgerstrasse. (Städt. Schlachthaus) **Schützenhof.**
Linie 2 Schild weiss Licht rot	**Richmond,** Augusttor × 5 Auguststr., Stobenstr. × 7 Bohlweg × 4.6 (Steinweg) Hagenmarkt (Fallerslbstr.) × 3 Wendenstrasse × 1 (Hamburgerstrasse) Schleinitzstrasse, Kleiner Exerzierplatz, **Nord-Bahnhof.**
Linie 3 Schild rot Licht weiss	**West-Bahnhof,** Frankfurterstrasse, Wilhelmitorpromenade, Friedrich-Wilhelms-Platz × 5, 7 (Haupt-Bahnhof), Friedrich-Wilhelms-Strasse × 7 (Hauptpost) Münzstr. × 7 (Damm) Finanz-Gebäude × 6, 4 (Steinweg) Casparistrasse, Hagenmarkt × 1, 2 (Wendenstrasse) Fallersleberstrasse, Gliesmaroderstrasse, **Bahnhof-Gliesmarode.**
Linie 4 Schild und Licht gelb.	**Madamen Weg,** Sonnenstrasse, Altstadtmarkt × 5 Neuestrasse, Sack, Marstall, Finanz-Gebäude × 3, 6 (Bohlweg) × 1, 2 Steinweg × 6 Hof-Theater, Sandweg, Herzogl. Museum × 7 (Helmstedterstrasse) Adolf-Strasse, Leonhardstrasse, Marienstift. **Central-Friedhof.**
Linie 5 Schild und Licht blau	**Oelper,** Herzogl. Krankenhaus, Cellerstrasse, Petritor, Breitestrasse, Altstadtmarkt × 4 Brabantstr., Friedrich-Wilhelmsplatz, × 3.7 (Haupt-Bahnhof) Bruchtorpromenade, Siegesplatz, **Augusttor** × 1. 2
Linie 6 Schild schw. Licht blau	**Stadtpark,** Husarenstrasse, Altewiekring, Kaiser-Wilhelmstrasse, Hof-Theater × 4 Steinweg × 1, 2 (Bohlweg) **Finanz-Gebäude** × 3, 4
Linie 7 Schild und Licht carmoisin	**Kastanien-Allee** (Prinzenpark), Helmstedterstr. × 4 Museum, Steintorpromenade, Langedammstrasse × 1, 2 (Bohlweg) Damm × 3 (Münzstrasse), Kohlmarkt, Friedrich-Wilhelmstrasse (Hauptpost) × 3 **Friedrich-Wilhelmsplatz** × 3, 5

Elektrische Strassenbahn.

- ◂●▸ -

Strecken-Uebersicht.

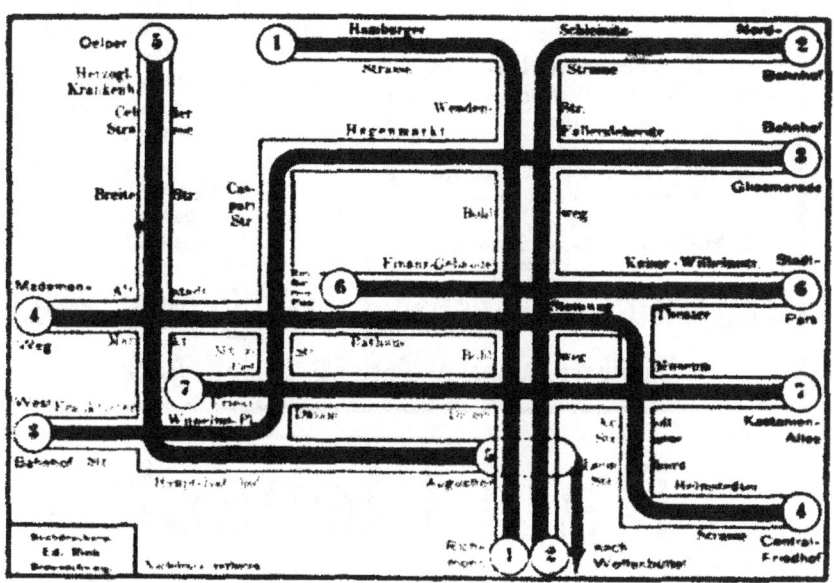

Mit Hülfe dieser Tabelle und nebenstehender Strecken-Aufstellung ist man im stande, die richtigen Wagen bei Benutzung der elektrischen Bahn ohne zu fragen selbst zu finden.

Das Zeichen ✕ bezeichnet eine Umsteigstelle; die dabei bemerkte Ziffer ist die Nummer der Linie, die diese Stelle kreuzt und zur Weiterfahrt benutzt werden kann. — An den in ( ) angegebenen Strassen führt die betr. Strecke vorbei, aber nicht entlang.

Wünscht man z. B. von *Richmond* nach dem *Madamenwege* zu fahren, so ersieht man aus nebenstehender Aufstellung, dass man Linie 1 oder 2 und Linie 4 benutzen muss. Verfolgt man nun die Strecke 1, so findet man die Ziffer 4 hinter „Bohlweg" und zwar dort wo der Steinweg einmündet. Man muss also Ecke Bohlweg-Steinweg umsteigen und auf Linie 4 übergehen.

Postwesen.

Oberpostdirektion und Hauptpostamt I: Friedr. Wilhelmstr.

Postamt II: Hauptbahnhof (nur Annahme von Briefen und Telegrammen).

Postamt III: Wendenstrasse 32.

Postamt IV: Helmstedterstrasse 79.

Postamt V: Cellerstrasse 87.

Postlagernde Sendungen werden nur im Hauptpostamt ausgegeben.

Telegramme werden **ununterbrochen** im **Hauptpostamt** und **Hauptbahnhof** angenommen, in den übrigen Postämtern nur in den Dienststunden von 7 Uhr morgens bis 9 Uhr abends.

Fernsprecher zum öffentlichen Gebrauch befinden sich in allen Postämtern sowie an verschiedenen Stellen in der Stadt, die durch ein besonderes Schild: „Oeffentliche Fernsprechstelle" gekennzeichnet sind.

Dienstmänner und Gepäckträger.

Dienstmänner, kenntlich an den roten Mützen mit Messingschild und blauen Blousen.

Standorte: Haupt-Bahnhof, Friedr.-Wilhelms-Platz, Kohlmarkt, Hagenmarkt.

Tarif ohne oder mit Gepäck bis zum Gewicht von

	A.	B.	C.
7½ kg	0,15	0,30	0,50
25 kg	0,30	0,60	0,90
75 kg	0,40	0,80	1.—
jede weitere 50 kg	0,30	0,40	0,50

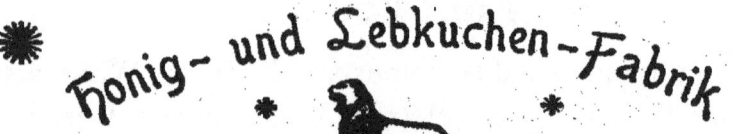

A. Für Wege innerhalb des Okergürtels einschliesslich Bahnhof.

B. Für Wege aus der inneren Stadt nach Plätzen ausserhalb des Okergürtels bis ziemlich zur Stadtgrenze.

C. Für Wege über die Stadtgrenze hinaus.

Tarif für Wege nach Zeit:

	ohne Karren	mit Karren
die erste Stunde . . .	0,40 Mk.	0,50 Mk.
jede weitere halbe Stunde	0,15 ,,	0,20 ,,

Reitpferde

sind Wallstrasse 4 zu haben.

Fahrräder

werden in allen besseren Fahrradhandlungen gegen Kaution und geringe Miete verliehen.

Dampfboote.

Abfahrt vor dem **Haupt-Bahnhofe,** dem Neubau der Reichsbankstelle gegenüber, nach dem **Heinrichshafen** (s. Plan E 3 [2]), einem Restaurant mit Garten. Preis 10 Pfg.

Ruderboote.

Bootverleiher sind am Augusttore und am Monumentplatze zu finden. Die Oker kann vom Wendentore hinter dem Theater durch bis Heinrichshafen (Richmond) befahren werden. Der andere Arm ist wegen der Schleusen nicht befahrbar.

Vereinswesen.

———◆———

Ausser verschiedenen religiösen und Wohltätig-
keits-, Samariter-, und Sparvereinen, sowie Mägdeheim,
Mädchen- und Knabenhorten, Volksküchen, Frauen-
vereinen und Freimaurerlogen bestehen in Braunschweig
viele Vereine, die in hervorragender Weise je nach ihren
Grundsätzen gesellschaftliche Beziehungen pflegen, besonders erwähnt sein mögen hier:

Der Kunst-Verein, der Kunst-Klub, Kunstgewerbe-
Verein, Verein von Freunden der Photographie, Verein
für Naturwissenschaft, Aerztlicher Verein, Architekten,
und Ingenieur-Verein. Allgem. Deutscher Sprachverein,
Neusprachlicher Verein (Vorträge und Konversation in
französischer und englischer Sprache), Lehrer-Vereine,
Stenographen-Vereine, Schach-Klub, Gesang-Vereine,
Krieger-Vereine, Turn-Vereine für Herren und Damen,
Tennis- und Fussball-Klub, Reit-Verein, Deutscher Flotten-
Verein, Deutsche Kolonial-Gesellschaft, Automobil-Vereine,
Radfahrer-Vereine, Schwimm-Vereine, Ruder-Klub und
noch verschiedene andere Vereine.

Der Verkehrs-Verein Braunschweig verfolgt den Zweck, den Verkehr mit Braunschweig zu
vergrössern und den Aufenthalt in Braunschweig angenehm zu gestalten.

Veranlasst durch die vielen Nachfragen nach den
Lebens-Verhältnissen und -Bedingungen in der Stadt
Braunschweig und ermutigt durch die Erfolge, Fremde
zu längerem oder dauerndem Aufenthalte im nordischen
Nürnberg zu bewegen, hat der Verein die wichtigsten
Momente in folgender Form zusammengefasst. Es
ist gewissenhaft gesammeltes Material, auf das man sich
unbedingt verlassen kann.

Bei einer Veränderung des Wohnsitzes handelt es
sich vor allem um

Verein der Grundbesitzer der Stadt Braunschweig.

Geschäftsstelle: **Casparistrasse Nr. 12, Ecke Hagenscharrn**

Geöffnet vormittags 9 bis 1 Uhr, nachmittags 3 bis 7 Uhr
Sonntags $11^1/_2$ bis $12^1/_2$ Uhr vormittags.

Im Selbstverlage erscheint am 1. und 16. jeden Monats der

✱ *Braunschweiger Wohnungs-Anzeiger.* ✱

(Derselbe wird unentgeltlich an Wohnungssuchende abgegeben.)

Ferner sind käuflich zu haben:

*Mietverträge in verschiedener Fassung,
Vermietungsbücher, Hausordnungen,
Miet- und Zinsquittungsbücher, Haustafeln und
Plakate aller Art.*

Die Wohnungsfrage.

Tatsächlich sind in Braunschweig sämtliche Wohnungen 30—50 % billiger als in den meisten anderen Grosstädten. Nach teilweise amtlichen Ermittelungen betragen beispielsweise die Mietpreise in den Städten

Leipzig	Zimmer	2	3	4	5	6	7	8
	Preis in M	280	450	670	920	1260	1540	2840
Hannover	Zimmer	2	3	4	5	6	7	8
	Preis in M	300	480	650	800	1100	1500	1900
Magdeburg	Zimmer		2		3		4	5
	Preis in M		320		530		700	1300
München	Zimmer		2	3	4	5	6-7	
	Preis in M		• 250	420	700	1100	1500	
Breslau	Zimmer	2	3	4	5	6	7	8
	Preis in M	220	480	730	1030	1370	1650	2300
Mannheim	Zimmer	2	3	4	5	6	7	8
	Preis in M	290	450	680	980	1360	1770	2100

Die Durchschnittspreise für Wohnungen in bester Lage Braunschweigs — als solche kann man namentlich die Promenaden und die östliche Aussenstadt betrachten, wenige Minuten vom Stein- und Bohlweg, den belebtesten Geschäftsstrassen, betragen dagegen:

Zimmer	2	3	4	5	6	7	8
Preis in M	250	350	480	650	940	1200	1300

Zu diesen Wohnungen, die fast nur in neuerbauten, mit allem modernen Bequemlichkeiten ausgestatteten Häusern sich befinden, gehören: Küche, Speisekammer, 1 bis 2 Keller, 1 bis 2 Bodenkammern, Gartensitz oder Balkon, Badezimmer, die Mitbenutzung der Wasch- und Plättestube, Wasserleitung und Abguss in der Küche, Wasserkloset usw. Die Miete wird in vierteljährlichen Raten gezahlt.

Ausser diesen Etagenwohnungen giebt es in herrlichster Lage noch eine grössere Anzahl von Häusern, die, mit allen nur denkbaren Annehmlichkeiten ausgestattet, zum Alleinbewohnen eingerichtet sind; die Mietpreise

hierfür schwanken zwischen 1000 und 4800 M je nach Grösse und Lage.

―Die Dienstbotenverhältnisse können im Gegensatz zu anderen Grosstädten als angenehme bezeichnet werden; je nach Anforderung bezw. Leistung zahlt man für weibliche Dienstboten bei freier Station 120 bis 240 M das Jahr.

Ferner eine wichtige Rolle spielen die

Steuerverhältnisse.

Die Staatssteuern sind **halb so hoch** wie die im Königreiche Preussen.

An Gemeindesteuern werden erhoben: Einkommensteuer, Ergänzungssteuer und Kirchensteuer, die letztere beträgt für Evangelische 5 % der Einkommensteuer, für Katholiken ist sie höher. Von den Grundbesitzern wird ferner erhoben: Grundsteuer und Kanalsteuer sowie Wassergeld.

Die Gemeinde-Einkommensteuer betrug in den letzten Jahren bei einem Einkommen bis:

M	M	M	M	M	M
1 500	13,30	8 000	296,40	60 000	2914,60
2 000	25,27	8 500	327,18	65 000	3272,75
2 500	43,32	9 000	338,87	70 000	3474,15
3 000	66,12	9 500	371,07	75 000	3725,90
3 500	87,21	10 000	395,01	80 000	3977,65
4 000	104,69	15 000	647,43	90 000	4565,70
4 500	133,76	20 000	926,25	100 000	5078,70
5 000	155,04	25 000	1187,03	120 000	6165,50
5 500	184,68	30 000	1429,28	140 000	7341,60
6 000	203,87	35 000	1671,53	160 000	8555,70
6 500	227,43	40 000	1913,78	180 000	9807,80
7 000	255,65	45 000	2198,30	200 000	11097,90
7 500	273,60	50 000	2445,30		

Bei Einkommen von mehr als 200 000 M steigt die Steuer in Stufen von je 2000 M um je 12 M.

Die Gemeindesteuern sind ebenfalls recht niedrige, wie aus folgender Zusammenstellung zu ersehen ist.

Stadt	Bedarf an Steuern berechnet auf den Kopf der Bevölkerung
Aachen	30,60
Barmen	24,13
Braunschweig	**16,66**
Cassel	30,38
Charlottenburg	28,35
Danzig	22,10
Dortmund	28,08
Elberfeld	30,26
Essen	30,19
Halle (Saale)	21,22
Kiel	21,13
Krefeld	23,08
Hannover	21,14

Obige Städte sind zur Vergleichung mit Braunschweig ausgewählt, weil sämtliche in betracht zu ziehenden Verhältnisse sich decken bezw. nur wenig von einander abweichen.

Aehnlich verhalten sich die

Schulverhältnisse.

Von alters her haben die Braunschweiger Schulen von der unteren Bürgerschule bis hinauf zur technischen Hochschule Carolo-Wilhelmina einen guten Klang. Teuere Vorschulen zu den höheren Lehranstalten, wie andere Städte, besitzt Braunschweig nicht; hier vertritt die mittlere Bürgerschule mit ihrem geringen Schulgelde die Vorschule; vierjähriger Besuch der mittleren Bürgerschule berechtigt zur Aufnahmeprüfung für die Sexta der höheren Lehranstalten. An solchen zählt Braunschweig 2 Gymnasien, Realgymnasium, Ober-Realschule, Privat-Realschule, sowie mehrere Privat-Vorbereitungs-Anstalten. Das Lehrerinnen-Seminar, die höhere Töchter-

schule, mehrere höhere Privat-Töchterschulen, ferner das Lehrer-Seminar, die städtische Mädchenschule (Mittelschule), Gewerbeschule, Handelsschule, usw. sowie 17 mittlere und untere Bürgerschulen für Knaben und Mädchen. Die Schulgeldsätze sind mässig, wie die folgende Tabelle zeigt.

Stadt	Volksschule	Mittelschule resp. Vorschule	Gymnasium	Real-Gymnasium	Ober-Realschule	Höhere Töchterschule
		Betrag des Schulgeldes in Mark				
Aachen . .	—	40—50	—	100—125	100—120	70—125
Barmen . .	—	—	96—144	96—144	96—144	72—144
Braunschwg.	20 (mittl. Bürgerschule)	—	108	108	100	100
Cassel . .	—	60	—	108	90—108	90
Charlottenbg.	36	—	—	100	80—100	72—100
Dortmund .	—	—	120	120	—	100—120
Essen . . .	—	—	—	120	120	100
Halle . . .	20	36	120	—	120	120
Kiel . . .	—	48—60	—	—	120	72—100
Krefeld . .	—	54—84	90—160	90—160	90—160	100—150
Hannover .	—	80	120	120	80—120	96—120

Gesundheitliche Verhältnisse.

Braunschweig wird durch Quellwasser, das im Norden der Stadt erbohrt ist, ganz hervorragend versorgt. Das ganze Stadtgebiet ist kanalisiert; grössere und kleinere Parks gibt es namentlich im östlichen Stadtteil, die herrliche Wallpromenade mit schattenspendenden Bäumen umschliesst mit ca. 4 km Länge die gesammte Altstadt; der sog. Monumentsplatz mit dem Windmühlenberge, von dem man die Weserberge, den Harz, die Asse, den Elm und die Lichtenberge erschaut, steht einzig da. An räumlicher Ausdehnung nimmt Braunschweig unter den deutschen Grosstädten etwa die 10. bis 12. Stelle ein; vergleicht man tabellarisch Braunschweig mit anderen Grosstädten in bezug auf

Ausdehnung, Parkanlagen und Sterbefälle, so wird man auf den ersten Blick überzeugt, dass die Gesundheitsverhältnisse gut sein müssen.

Stadt	Ausdehnung der Stadt für 1 Einwohner qm	Grösse der vorhandenen Parkanlagen etc. ha	Sterbefälle auf 10 000 der Bevölkerung
Aachen	298	55	201
Barmen . . .	160	35	—
Braunschweig	**219**	**227**	**177**
Cassel	—	184	171
Charlottenburg -	120	127	—
Danzig	149	9	231
Dortmund . . .	—	110	212
Essen	88	17	220
Halle (Saale) . .	—	34	236
Kiel	207	8	158
Krefeld	194	15	186
Hannover . . .	180	226	166

In unmittelbarer Nähe Braunschweigs befinden sich an grösseren Wäldern mit guten Restaurants folgende:

Die **Buchhorst** ca. 1000 Morgen, ³/₄ Wegstunde.

Das **Querumer Holz** 2200 Morgen (daran anschliessend die Forsten von Wendhausen mit ca. 2000 Morgen) ³/₄ Wegstunde oder mit der Eisenbahn in wenigen Minuten.

Das **Pavelsche Holz** ca. 600 Morgen, ³/₄ Wegstunde oder für 10 Pfg. mit der elektrischen Bahn und 20 Minuten Weg;

in etwas weiterer Entfernung

Das **Lechelnholz** 1000 Morgen, in 30 Minuten mit der elektrischen Bahn für 20 Pfg.

Der **Oderwald** ca. 6000 Morgen, 40 Minuten mit der elektrischen Bahn für 30 Pfg. und 25 Minuten Fussweg.

Die Bergwälder der **Asse** mit 2500 Morgen, des **Elmes** mit 40 000 Morgen, der **Lichtenberge** mit

2000 Morgen erreicht man in 30 bis 40 Minuten mit der Staats- und Landesbahn.

Der Harz mit den für Braunschweig zunächst gelegenen Stationen Goslar, Oker, Harzburg, Ilsenburg usw. lässt sich in 60 bis 70 Minuten auf der Staatsbahn erreichen. An Sonntagen für Hin- und Rückfahrt einfache Fahrpreise; III. Kl. M. 1,80; II. Kl. M. 2,70.

Verkehrsverhältnisse.

Der Verkehr in Braunschweig selbst hat sich seit Einführung der elektrischen Strassenbahn ganz bedeutend gehoben und gebessert; 7 Linien durchziehen bezw. schneiden fast alle Hauptstrassen; im Stadtverkehr besteht der 10 Pfg.-Tarif; auch die Nachbarstadt Wolfenbüttel (berühmte Bibliothek) ist durch die elektrische Bahn mit Braunschweig verbunden; die Strecke von 11,8 km wird in 40 Minuten durchfahren.

Nach Berlin, Frankfurt a. M , Hannover, Hamburg sowie nach den Nord- und Ostseebädern sind die Verbindungen gut; die Nordsee erreicht man in 6 bis 7, die Ostsee in 5 bis 6 Stunden.

Kunst und Wissenschaft.

Das Hoftheater mit hervorragenden Künstlern und Künstlerinnen und einem äusserst tüchtigen Orchester; das Sommertheater in Holst's Garten nimmt anerkanntermaassen unter seines gleichen in Deutschland die erste Stelle ein. Staunend billig sind die Tages- und Abonnementspreise des Herzogl. Hoftheaters.

Zu erwähnen ist noch das Herzogliche Museum mit Gemäldegallerie (s. 18), das Städtische (s. 16) und Vaterländische Museum (s. 8), die reichhaltigen Sammlungen der technischen Hochschule mit dem naturhistorischen Museum (s. 22) sowie der permanenten Kunstausstellung am Bohlweg.

Die Garnison

besteht aus dem Braunschweigischen Infanterie-Regiment No. 92, dem Braunschweigischen Husaren-Regiment No. 17 und dem Stabe der 40. Infanterie-Brigade.

Zum Schluss sei noch bemerkt, dass die

Lebensmittelpreise

in den Läden und der Markthalle bei guter Beschaffenheit billig bis normal sind. Auf dem Gebiete der Wurst- und Fleischwaren-Industrie, der Gemüse-Konservierung, der Biererzeugung leistet Braunschweig Hervorragendes; durch den Bezug dieser Waren aus erster Hand stellen sich die Preise bedeutend billiger, als sie, durch eine Reihe von Zwischenhändlern verteuert, in anderen Städten abgegeben werden können; schon im April und Mai kommen aus der Nachbarstadt Wolfenbüttel die ersten jungen Gemüse an den Markt, denen dann bald die Sommerfrüchte in verschiedenster Abwechselung folgen. Das Schlachtvieh ist von vorzüglicher Beschaffenheit und sind die Fleischpreise nicht teuer. Die Preise für Wildpret, Geflügel usw. sind naturgemäss schwankend, aber immerhin als billig zu bezeichnen.

Aus Vorstehendem ist zu ersehen, dass sich Braunschweig zu längerem oder dauerndem Aufenthalte ganz besonders eignet. Zu weiterer Auskunft steht der

Verkehrs - Verein Braunschweig

immer gern zur Verfügung, wohin man sich mit allen Fragen wenden möge. Geschäftsstelle: Bankplatz 3 (Annoncen-Expedition Invalidendank.)

Uebersichtskarte zur Zusammenstellung von Spaziergängen in der Stadt.

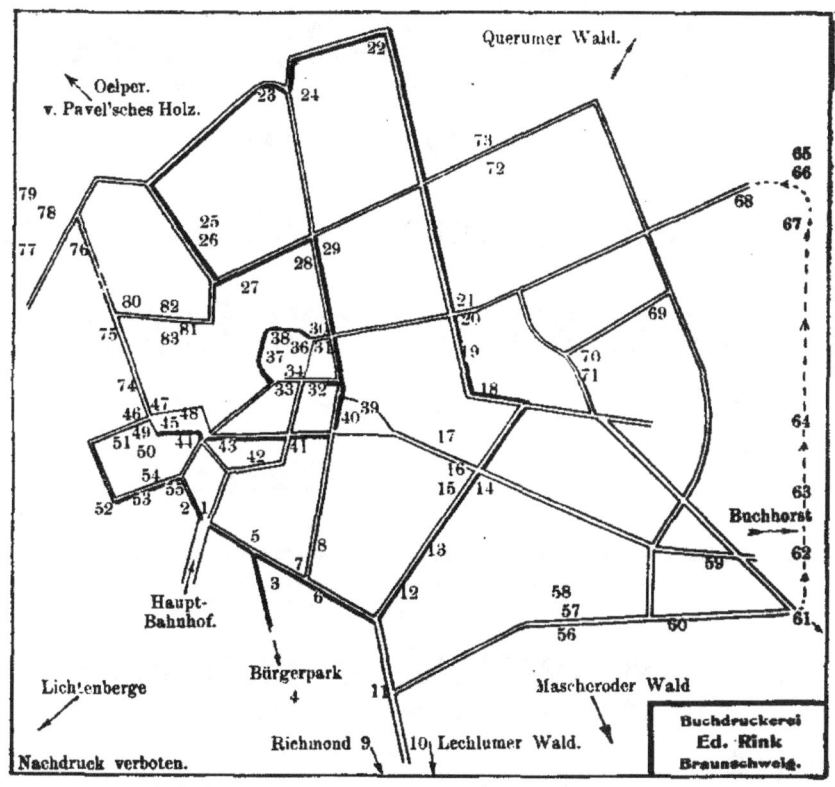

Die Ziffern in dieser Karte stimmen mit den in diesem Führer vor den Sehenswürdigkeiten angegebenen Nummern überein, so dass man sich selbst seine Spaziergänge durch die Stadt, je nach seiner Zeit, zusammenstellen kann. Der Ausgangspunkt ist vom Haupt-Bahnhof aus rechts gedacht. Man kann jedoch auch in irgend einer andern Richtung seinen Weg nehmen, wobei man die Beschreibung der Sehenswürdigkeiten durch die in dieser Karte angegebenen Ziffern im Führer leicht auffinden kann. Die mit einer dicken Linie begrenzten Strassenzüge berühren die hauptsächlichsten Sehenswürdigkeiten.

Der Porticus im Bürgerpark.

Haupt-Bahnhof, im Süden der Stadt gelegen, wurde von Ottmer im Renaissancestil erbaut 1844—46. Die Front (Nordseite) ist 50 m lang, die Einfahrtshalle 21,5 m breit und 105,5 m lang. Der schöne, von zwölf korinthischen Säulen getragene Kuppelbau an der West-seite führt zu den Fahrkarten-Verkaufsstellen und zur Güterabfertigung.

1. **Friedrich-Wilhelms-Platz** vor dem Haupt-Bahnhofe mit der imposanten, neu erbauten

2. **Kredit-Anstalt.**

3. **Eisenbahnpark,** vom Bahnhofe aus rechts am gegenüberliegenden Ufer der Oker (s. Plan). Am Ende desselben befindet sich das nicht mehr im Gebrauch stehende Wasserwerk. Von dessen Turme hat man eine schöne Aussicht über die ganze Stadt.

4. **Bürgerpark,** hinter dem Eisenbahnpark und an der Wolfenbütteler-Strasse gelegen, besitzt schöne Spazierwege und wohlgepflegte Tennisplätze. Auf einer Anhöhe an der Oker hebt sich wirkungsvoll der Porticus ab, ehemals gehörig zu einer am Augustplatz gelegenen Artillerie-Kaserne.

An der Bruchtorpromenade gegenüber dem Eisen-bahnpark befindet sich der Neubau der

5. **Reichsbankstelle,** ein Prachtbau mit reichen Skulpturen.

6. Siegesdenkmal auf dem Siegesplatz (s. Plan), errichtet zur Erinnerung an den Krieg 1870-71, enthüllt am 26. April 1881, entworfen von Breymann († 1878) und Dietz, in Bronze gegossen von Howaldt.

Auf dem mit schönen gärtnerischen Anlagen versehenen Lessingplatze steht

7. Lessings Denkmal. Dieses wurde entworfen von Rietschel, gegossen von Howaldt und enthüllt am 20. September 1853 (s. Plan C 3).

In der Nähe des Lessingplatzes liegt die alte Egydienhalle. Dieselbe wurde ehemals zu Kirchenzwecken, dann als Konzert- und Ausstellungshalle benutzt.

8. Vaterländisches Museum, in der Egydienhalle. Die interessanten Sammlungen enthalten viele Andenken an Braunschweigs grosse Zeit und Vergangenheit und sind geöffnet Sonntags von 10—1 Uhr; im Sommer auch Mittwochs von 3—5 Uhr.

In dem Hause davor, am Egydienmarkte, im westlichen Eckzimmer des ersten Stockes starb Gotth. Ephr. Lessing am 15. Februar 1781 (Lessings Grab s. 56 57).

Vom Augustplatze aus hat man einen hübschen Ausblick auf die Wolfenbüttler Strasse. Von hier fährt die elektrische Bahn über

9. Schloss Richmond, die Dörfer Melverode und Klein-Stöckheim nach dem herrlichen

10. „Lechlumer Holze", dem beliebtesten Ausflugsorte der Einwohner Braunschweigs und Wolfenbüttels. Von dort führt die elektrische Bahn weiter bis zum Staats-Bahnhof Wolfenbüttel.

An der Wolfenbüttler Strasse befindet sich das

11. Sommer-Theater, eine der besten Sommerbühnen Deutschlands, auch bekannt unter der Firma „Holst's Theater" (s. Fortsetzung des Weges von hier aus in anderer Richtung unter No. 56).

12. Der **Windmühlenberg** (s. Plan D 2) ist eine künstlich geschaffene Anhöhe und bietet eine schöne Aussicht auf die Stadt und bei klarem Wetter eine hübsche Fernsicht.

13. Der **Monumentplatz** mit dem Denkmal zur Erinnerung an die in den Kämpfen gegen Napoleon I. gefallenen Heldenherzöge Karl Wilhelm Ferdinand und Friedrich Wilhelm. Der Obelisk ist 22 m hoch, wurde 1822 von Bürgern Braunschweigs gestiftet und von P. J. Krahe, die vier Löwen an den Ecken von J. G. Schadow entworfen.

Von hier aus sieht man zur linken am gegenüber liegenden Ufer der Oker das

14. Herzogl. Neue Gymnasium. Die Front mit Eingangs-Portal liegt an der Leonhardstrasse.

Am Ausgange des Monumentplatzes nach dem „Sandweg" zu links liegt die neue

15. Kunstgewerbeschule verbunden mit einer Vorbildersammlung.

Dicht davor an der Promenade wird ein neues Gebäude errichtet für die

16. Sammlungen des Städtischen Museums.

(Diese befinden sich gegenwärtig noch in dem Gebäude des ehemaligen Neustadt-Rathauses (s. 27) an der Küchenstrasse und bestehen aus germanischen,

kirchlichen und weltlichen Altertümern und Kunstwerken der christlichen Zeit; einer Münzen- und Medaillensammlung von ca. 20 000 Stück, einer Siegelsammlung, Kupferstichen und Oelgemälden, Gipsabgüssen von Werken einheimischer Künstler, Büsten und Statuen hervorragender Braunschweiger u. a. m. Geöffnet Sonntags von 11—1 Uhr, im Sommer auch Donnerstags von 3—5 Uhr. — In dem Hause befindet sich der mit schöner Holztäfelung (1573) versehene, jedoch nicht mehr benutzte Sitzungssaal des Magistrats und der Stadtverordneten.)

Nicht weit von diesem Neubau liegt die alte

17. Magnikirche, eine der ältesten Kirchen der Stadt. Im Innern sind einige Grabdenkmäler und Holzschnitzereien sehenswert.

18. Das Herzogl. Museum, an der Südseite des Theater-Parkes gelegen, wurde 1883—87 nach Plänen von Oskar Sommer erbaut und ist täglich geöffnet und zwar: Sonntags und im Winter von November bis Februar von 11—2 Uhr, von Juni bis September von 10—4 Uhr, in den übrigen Monaten von 10—3 Uhr.

Im Erdgeschoss befindet sich die Antikensammlung sowie geschichtliche Merkwürdigkeiten, Bildhauerarbeiten und Gipsabgüsse.

Im ersten Stock ist die sehr bemerkenswerte Gemälde-Sammlung untergebracht mit bedeutenden Bildern berühmter Meister wie Holbein d. J., L. Cranach d. Aelteren, Rembrandt, Rubens, van Dyck, Henneberg u. a.

Der zweite Stock enthält die grösste und sehr interessante Majolikasammlung Deutschlands, sowie das berühmte Mantuanische Gefäss. Es ist dies ein Onyx bestehend aus 5 Schichten verschiedener Färbung, die mit reichem figürlichen Schmuck versehen sind. Es befinden sich hier auch einige historisch interessante Gegenstände, z. B. Luthers Doktorring und der Trauring von Katharina von Bora, sowie kunstgewerbliche Arbeiten verschiedener Art, ferner eine ca. 22000 Stück umfassende Medaillen und Münzensammlung.

19. Die **Kaiser-Wilhelm-Brücke,** hinter dem Herzogl. Hoftheater, ist durch ihre Ausschmückung mit vier Bronzestatuen, welche die Reichskrone, das Reichsschwert, das Scepter und den Reichsapfel tragen, bemerkenswert. Sie führt zu der bis an den Stadtpark reichenden Kaiser-Wilhelmstrasse.

20. Der **Herzogl. Park** oder auch Theater-Park genannt, wird begrenzt vom Herzogl. Museum und durch

Vom Gaussberge aus hat man einen schönen Blick auf der einen Seite auf die daran grenzende Inselpromenade sowie auf der anderen Seite auf die Wendentorpromenade.

Am Wendentore und Ecke der Wilhelmstrasse befindet sich jetzt das

24. Herzogl. Amtsgericht. Diese Gebäude dienten ehemals den Zwecken des Herzogl. Krankenhauses.

25. Die **Alte Waage**, um 1534 erbaut. Es ist dies ein interessanter, mit schön geschnitzten Friesen versehener Fachwerkbau. Das Gebäude dient als Lagerhaus.

26. Die **Andreas-Kirche** am Wollmarkt, um 1200 begonnen, hat in den Giebelfeldern der Südseite verschiedene beachtenswerte Skulpturen: Christus auf

dem Throne, umgeben von krüppeligen Leuten. Der Sage nach sollen einige reiche Kaufleute, die mit verschiedenen Gebrechen behaftet waren, den Grundstein zu der Kirche gelegt haben. Die Strasse an dieser Seite heisst daher die Kröppelstrasse. Die Höhe des Kirchturms ist 92 m.

Auf dem Pfarrgrundstücke hinter der Andreaskirche verdient ein 1418 erbautes kleines gothisches Backsteinhaus deshalb Beachtung, da dieses hier der einzige mittelalterliche Ziegelbau ist.

.27. Das **städtische Archiv und die Bibliothek** befindet sich im Erdgeschoss des ehemaligen „Neustadt-Rathauses" an der Küchenstrasse. Es umfasst etwa 20 000 Bände, meistens historische Werke, deutsche und Städte-Geschichte; geöffnet Montag und Freitag von 10—1 Uhr (Eingang auf der Strasse: die Höhe). (s. 16.)

Katharinen-Kirche. (s. 29)

28. Das **Brunnenstandbild Heinrichs des Löwen** auf dem Hagenmarkte von Winter und Breymann entworfen im Jahre 1874 und in Erz gegossen von Howaldt.

29. Die **Katharinen-Kirche**, gegründet von Heinrich dem Löwen, enthält im Innern zahlreiche Grabdenkmäler aus dem 16., 17. und 18. Jahrhundert. — Der Turm ist 69,5 m hoch.

Auf dem Hagenmarkte, an der Ecke der Wendenstrasse, ist das mittelalterliche Gebäude, die „Hagenmarkt-Apotheke" noch beachtenswert.

30. Das **Finanz-Gebäude** an der Dankwardstrasse und dem Ruhfäutchenplatze gelegen, ist 1894 von Wiehe in gothischem Stile erbaut. Dem gegenüber liegt

31. Das **Neue Rathaus**, ein ebenfalls im gothischen Stile von Winter errichteter Monumentalbau aus Sandsteinquadern, mit imposantem Turm und ebenso grossartigem Haupt-Eingange am Langenhofe.

32. Die **Herzogl. Polizeidirektion**, erbaut von Bohnsack. Dieser gegenüber an der anderen Ecke der Strasse der von Lilli erbaute

33. **Justizpalast**, in italienischem Renaissancestil.

34. Der **Dom**, auch Burgkirche oder Kirche St. Blasii genannt, bietet des Interessanten viel. Begonnen 1173 unter Heinrich dem Löwen wurde er 1194 vollendet. Die Turmspitzen, 1195 durch Feuer zerstört, sind seitdem unvollendet geblieben. Seit 1881 sind nach und nach umfassende Erneuerungen des Bauwerks vorgenommen. 1891-92 wurde an das südliche Querschiff (dem Justizpalast gegenüber) ein Kapellenbau angebaut. Das Innere ist nach Entwürfen von Essenwein ausgemalt. Im Mittelschiffe befindet sich das Grabdenkmal Heinrichs des Löwen und seiner Gemahlin Mechthildis (um 1250 errichtet). Nahe dem Chor unter einer Messingplatte ruht Kaiser Otto IV. mit seiner Gemahlin Beatrix. Im südlichen Seitenschiffe steht ein in Zink gegossenes Denkmal des Herzogs Ludwig Rudolph († 1435),

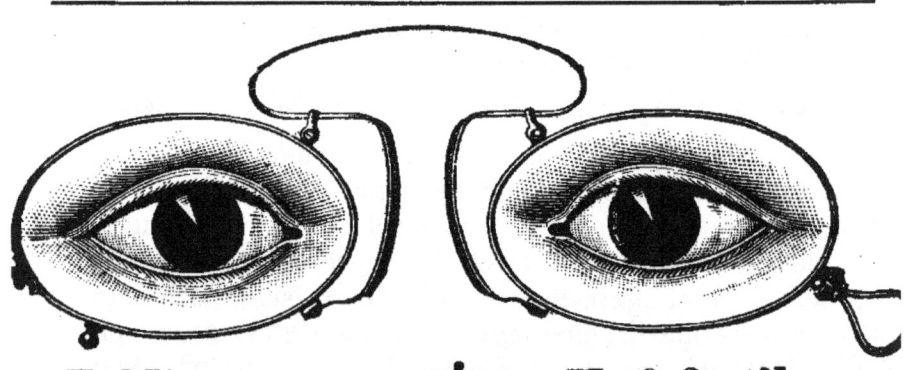

im nördlichen Kreuz der steinerne Sarg der Markgräfin Gertrud († 1117).

Der grosse, siebenarmige Leuchter ist eine Nachbildung des im Salomonischen Tempel zu Jerusalem befindlichen Leuchters und von Heinrich dem Löwen hier aufgestellt. Den Kronleuchter stiftete der Herzog Wilhelm († 1884) anlässlich seines 50-jährigen Regierungs-Jubiläums.

Das Glockenhaus stammt aus dem 13. Jahrhundert und enthält 11 sehr harmonisch abgestimmte Glocken, deren grösste, genannt Blasius major, 99 Zentner wiegt.

Unter dem Chor und dem Querschiff der Kirche befindet sich die Gruft für die verstorbenen Herzöge von Braunschweig. Von den 45 hier beigesetzen Herzögen haben neun den Tod auf dem Schlachtfelde gefunden.

An den steinernen Pforten an der Eingangstür auf dem Burgplatze bemerkt man sonderbare Vertiefungen, die der Sage nach von den Klauen eines Löwen herrühren sollen, der nach der Beisetzung Heinrichs, seines Herrn, der ihn aus dem Morgenlande mitgebracht hatte, unter kläglichem Geheul Eingang in die Kirche haben wollte.

Unter Begleitung des Cantors, Wilhelmsplatz 5, (dem Dom, Turmseite gegenüber) kann die Kirche besichtigt werden. Gebühr: 1—4 Personen 2 Mark.

35. Der **Burgplatz** ist in bezug auf mittelalterliche Architektur der interessanteste Platz Braunschweigs und erweckt in seiner Anlage so recht das Gefühl der alten deutschen Gemütlichkeit. Er ist auf der einen Seite begrenzt von der Burgkirche, die durch einen verdeckten Gang, ganz wie es in früherer Zeit gewesen, verbunden ist mit der

36. Burg Dankwarderode. Dieses Gebäude wurde auf Veranlassung des Regenten auf den alten Grundmauern und ganz im alten Stile neu erbaut.

Die Burg, die einst an dieser Stelle stand, soll angeblich von Dankward erbaut, 1091 aber durch Feuer zerstört, jedoch von Heinrich dem Löwen in grösserem Umfange wieder errichtet sein.

Während der Hochzeit der Tochter Ottos des Kindes, Elisabeth, mit Wilhelm von Holland 1251 brannte die Burg wiederum ab und Wilhelm konnte nur mit Mühe sein Leben retten. Sie wurde wieder aufgebaut, geriet aber in Verfall, nachdem der Herzogliche Hof nach Wolfenbüttel verlegt worden war. Zur Zeit der Fremdherrschaft 1808 diente das Gebäude als Kaserne und auch später noch wurde es zu militärischen Zwecken benutzt. 1873 zerstörte abermals eine Feuersbrunst einen Teil der Burg. Nach Plänen des Stadtbaurats Winter neu errichtet, besteht dieselbe jetzt aus einem grossen 40 m langen und 14 m breiten Saale in romanischem Stile, der mit Wandgemälden geschmückt ist. Die Erlaubnis zur Besichtigung der Burg wird von der Herzogl. Hof-General-Intendantur, Bohlweg 70, erteilt.

Auf dem Burgplatz, inmitten der gärtnerischen Anlagen erhebt sich

37. Das **Löwendenkmal,** errichtet 1166 von Heinrich dem Löwen als Zeichen seiner Oberhoheit.

Die andere Seite des Burgplatzes wird begrenzt von zwei sehr schönen mittelalterlichen Gebäuden: Das Haus No. 2 stammt aus dem Jahre 1573. Daneben befindet sich

38. Das **Gildehaus,** das durch seine mittelalterliche Holzarchitektur und Schnitzereien merkwürdigste Gebäude. Dieses stand bisher im „Sack No. 5", musste aber einem Neubau weichen und wurde auf Veranlassung des Magistrats hier wieder aufgebaut.

39. Das **Herzogl. Schloss,** in griechischem Stil erbaut von Ottmer 1831 — 38 hat 123 m Frontlänge und 34 m Höhe. Die auf dem Mittelbau stehende Quadriga, entworfen von Rietschel, in Kupfer getrieben von Howaldt, ging bei einem Brande des Schlosses im Jahre 1865 zu Grunde, wurde aber von Howaldt in vollendeter Weise wieder hergestellt und 1868 neu errichtet.

Das Giebelfeld über dem Portal zeigt Heinrich den Löwen, wie er Abgeordnete der Geistlichkeit sowie der von ihm besiegten Wenden empfängt.

Auf der vorspringenden Säule links befindet sich das Standbild des Kaisers Otto IV., auf der Säule rechts das Ottos des Kindes.

Auf dem Platze vor dem Schlosse stehen, von Howaldt in Erz getrieben,

40. Die **Reiterstandbilder der Herzöge** Karl Wilhelm Ferdinand und Friedrich Wilhelm, beide von Hähnel, auf Sockeln von schwedischem Marmor.

Der sorgfältig gepflegte Park seitlich und hinter dem Schlosse enthält teils seltene Pflanzen und eine Sammlung von Orangenbäumen und Palmen.

Zur Besichtigung des Schlosses wende man sich an den Schlossbeamten. Gebühr für 1—6 Personen 3 Mark.

41. Das **Feuerlöschgebäude,** an der Ecke von Damm und Münzstrasse enthält ausser den Feuerlöschanstalten und der ständigen Feuerwache die Geschäftsräume der städtischen Gas- und Wasserwerke.

42. Das **Reichspostgebäude** an der Friedrich-Wilhelm-Strasse, nicht weit vom Hauptbahnhofe gelegen, wurde 1878 nach Entwürfen von Raschdorf erbaut und 1881 dem Verkehr übergeben.

43. Der **Kohlmarkt mit berühmtem Brunnen** im Renaissancestil, liegt mitten in der Stadt und ist von Alters her einschliesslich der hier einmündenden Strassen der Zentralpunkt des geschäftlichen Lebens.

Am Ende der hier anschliessenden Poststrasse steht das berühmte, sogenannte

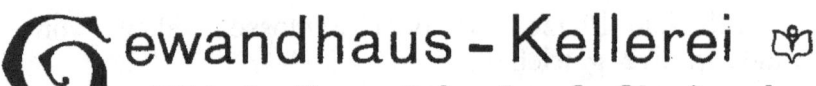 

44. Gewandhaus, ehemals zur Zeit der bedeutenden Messe das Kaufhaus für die Tuchhändler. Der 1595 errichtete, beachtenswerte Giebel ist einer der schönsten der spätmittelalterlichen Renaissance.

In der Poststrasse ist noch das altertümliche hofwärts befindliche Gebäude des Hauses No. 6 zu beachten. (s. Seite 61) Dieses Haus, teils aus dem Jahre 1539 stammend, zeigt eine der besterhaltenen Holzarchitekturen jener Zeit. Das an der Jakobstrasse, der Parallelstrasse der Poststrasse, liegende Hintergebäude mit schönem Portal und massivem Unterbau diente ehemals dem hohen Rate zur Ausübung der Rechtspflege, worauf die Stuckarbeiten an der Decke des ersten Stockes noch symbolisch hindeuten.

Altes Patrizierhaus. Poststrasse 6, hofwärts.

45. Der **Altstadtmarkt** ist durch die ihn teilweis begrenzenden gothischen Bauten einer der schönsten und interessantesten Plätze der Stadt. Der Brunnen in der Mitte des Platzes stammt aus dem Jahre 1408 und besteht aus einem massiven Sockel aus Stein, der mehrere reich verzierte Becken aus Blei trägt, die mit hübschen, wasserspeienden Figuren versehen sind. Ein zierlich durchbrochenes Helmstück krönt das Ganze. Die Inschrift an dem untersten Becken giebt Bibelsprüche in altdeutschen Reimen wieder und lautet:

david. des waters invlot de stat godes vrolich dot. elizeus. sunt hebbe yk se maket gar un werden nich mer unvrochtbar. salomon. alle water in dat mer gan. ysaias. wem dorste de kome hier an. elias. he sloch

de watere un entwe sint se ghedelet. samuel. her wente in dossen dach amen. anno domini MCCCCVIII vigilia katerine fusa est. (d. h. im Jahre des Herrn 1408 am Vorabend des Katharinentages — 25. November — gegossen).

Es ist hierbei die wichtige Tatsache zu beachten, dass diese Buchstaben einzeln in Blei gegossen sind und damit gezeigt wird, dass 32 Jahre, bevor Guttenberg einzelne Buchstaben zum Drucken gebrauchte, hier in Braunschweig schon solche aus Blei hergestellt wurden.

Der Altstadtmarkt.

46. Das **Altstadt-Rathaus,** eines der schönsten gothischen Baudenkmäler Deutschlands, muss um 1250 erbaut sein, da es in einer Urkunde aus dieser Zeit erwähnt wird. Nach und nach wurde es weiter ausgebaut und 1468 in seiner jetzigen Gestalt vollendet. Die beiden rechtwinklig zusammenstossenden Flügel haben je 19 m Länge und eine Gallerie von je acht Bogen. Die Statuen in den Tabernakeln stellen sächsische Kaiser und Welfenherzöge mit ihren Gemahlinnen dar und zwar (von links nach rechts gehend): Kaiser Heinrich I. mit Mathilde

von Sachsen; Kaiser Otto I. und Adelheid von Burgund; Kaiser Otto II. und Theophania; Kaiser Otto III. und Marie von Aragonien; am Winkelpfeiler: Kaiser Lothar allein; dann Kaiser Otto IV. mit Beatrix von Schwaben; Herzog Heinrich der Löwe und Mathilde von England; Herzog Wilhelm von Lüneburg und Helene von Dänemark; Herzog Otto das Kind und Mathilde von Brandenburg (zu beachten sind die „Dusinge" oder Schellengürtel, eine Tracht, die im 15. Jahrhundert fast zu einem Uebelstande wurde).

Der grosse Saal besitzt eine durch 24 verschiedene gothische Arabesken geschmückte Balkendecke und einen aus polierter Silberbronce hergestellten schönen Kronleuchter, einem Geschenk des Herzogs Wilhelm an die Stadt. In einem kleinen Saale ist die

46a. Gemälde-Sammlung des Braunschweigischen Kunstvereins untergebracht. Dieselbe ist geöffnet Sonntags von 11—1 Uhr und enthält manches wertvolle Stück.

Dem Rathause nach der Breiten Strasse zu schliesst sich der Autorshof an, erbaut 1681 von Ludwig Rudolf und so genannt nach einer dem heiligen Autor, dem Schutzheiligen Braunschweigs, geweihten Kapelle, die die Bürger der Stadt zur Sühne für die Ermordung des Tile v. d. Damme auf Geheiss der Hansa stiften mussten. (Fortsetzung des Weges von hier aus in anderer Richtung s. unter No. 74.)

Die andere Ecke des Altstadtmarktes und der Breiten Strasse nimmt das

47. „Stechinelli-Haus" ein. Stechinelli war ein Bettelknabe, der sich die Gunst des Herzogs Georg Wilhelm von Celle durch seine Ehrlichkeit erworben hatte. Er rettete dem Herzoge durch Entdeckung eines gegen diesen gerichteten Mordanschlages das Leben, worauf sich der Herzog seiner annahm und ihn 1678 zum Generalpostmeister und später zum Freiherrn machte.

1690 baute sich Stechinelli das Haus, das oben an der Ecke die Figur des Bettelknaben, sowie seine Wappenzeichen: Bettelhut, Rosetten und Sterne zeigt.

Zu erwähnen ist noch am Altstadtmarkt das Haus No. 11'

48. die **Sieben Türme,** das der Sage nach von einem Patrizier erbaut sein soll, nachdem derselbe von einem Zuge aus dem „Gelobten Lande" zurückgekehrt und aus langer Gefangenschaft in dem Schlosse zu den sieben Türmen in Konstantinopel befreit war. Die sieben Türme sind im Giebel oben am Hause angebracht. An dieser Stelle war es, wo der Bürgermeister Tile v. Damm im Jahre 1374 der Volkswut zum Opfer fiel.

49. Die **Martinikirche** stammt aus dem 12. Jahrhundert, erfuhr aber im Laufe der Zeit mehrfache Umbauten. Die an der südwestlichen Seite 1434 angebaute sogenannte „Annenkapelle" sowie der Chorbau an der Ostseite sind gothischen, die Türme und das Westportal romanischen Stils.

Beachtenswert sind die S k u l p t u r e n über den Türen: die Mutter Gottes mit den heiligen drei Königen (Priestertür), Empfang der klugen und törichten Jungfrauen durch den himmlischen Bräutigam (Brauttür), Christus als Lamm Gottes mit der Kreuzfahne (Tauftür).

Sehenswert sind: die Kanzel, 1617 erbaut von Georg Röttger, mit Reliefs aus Marmor; das Taufbecken, 1441 aus Messing gegossen; der Hochaltar aus dem Jahre 1725; ferner die Annenkapelle und der Chorbau mit der Statue Marias mit dem Jesuskind sowie die von Dr. Martin Luther.

Die beiden gleich langen, 66 m hohen Türme sind die einzigen erhaltenen in der Stadt.

50. Das **Landschafts-Gebäude** an der Martinikirche enthält den Sitzungssaal der Landesversammlung nebst den nötigen Geschäftsräumen.

51. Die **Herzogl. Kammer,** der Martinikirche (Turmseite) gegenüber enthält ausser den Geschäftsräumen auch die Bibliothek der Herzogl. Baudirektion.

Die Sonnenstrasse entlang gelangt man links einbiegend in die Güldenstrasse, in der einige alte Häuser beachtenswert sind, besonders das 1567 erbaute Haus Nr. 7, daneben liegt

52. Die **Michaeliskirche**, ein architektonisch wenig hervorragender Bau. Sie soll 1150 als Begräbniskapelle erbaut sein, brannte 1278 ab, wurde jedoch im folgenden Jahre wieder aufgebaut.

53. Die **Synagoge** an der alten Knochenhauerstrasse gelegen, 1875 in maurisch-byzantinischem Stile erbaut von Uhde. Das reich geschmückte Innere wird durch den nebenan im Schulhause wohnenden Schuldiener gern gezeigt.

Gegenüber der Synagoge sind zwei mittelalterliche Häuser beachtenswert.

54. Die **Herzogl. Kreisdirektion,** Ecke Eiermarkt und Steinstrasse besitzt ein bemerkenswertes Portal.

Das Haus Steinstrasse 3, erbaut 1521, ist bemerkenswert wegen seiner Friese. In dem Hause wohnte und starb am 2. September 1489 der berühmte Theologe Abt Friedr. Wilh. Jerusalem.

55. Die **Braunschweigische Bank** wurde 1856 von hiesigen und auswärtigen Kaufleuten gegründet.

Dem Bankgebäude gegenüber auf der anderen Seite des Platzes ist das Haus No. 1 zu beachten. Dasselbe wurde 1492 erbaut und ist reich mit Statuen und symbolischen Verzierungen geschmückt.

Die erste Strasse links von der Wolfenbüttlerstrasse (s. No. 11) ist die Campestrasse. Diese führt an Viewegs Garten, einer schönen Privatbesitzung, vorüber, in welchem sich die

56. Grabstätte Campes befindet, des berühmten Pädagogen und Verfassers von „Robinson der Jüngere".

Die Campestrasse entlang, an der Ecke des Leonhard-Platzes, auf dem Turnspiele abgehalten werden,

liegt der Magni-Kirchhof, mit dem epheubedeckten

57. Grab Lessings, seit 1874 gekennzeichnet durch ein Denkmal mit Portraitrelief des Dichters. Auch

58. Friedrich Gerstäcker, der berühmte Reiseschriftsteller, liegt auf diesem Kirchhofe begraben (s. Plan D 2 [4]).

Die gegenüberliegende Seite des Leonhardplatzes wird durch das Herzogl. Landgestüt begrenzt. — Dahinter an 'der Leonhardstrasse liegt die neugebaute

59. Johanniskirche. — An der Ecke der Wörthstrasse (s. Plan D 1 [4]), inmitten eines kleinen Gartens, steht

60. Schills Denkmal, unter dem der Kopf des Freiheitshelden (sein Leib ruht in Stralsund) und die Gebeine von 14 seiner Soldaten bestattet sind, die im Jahre 1809 von den Franzosen standrechtlich erschossen wurden.

In dem Hause daneben ist eine kleine Reliquienhalle eingerichtet, wo allerlei denkwürdige Gegenstände aus jenen Tagen durch einen Wärter gezeigt werden.

Die Wörthstrasse mündet in die Helmstedterstrasse, an der das Krankenhaus „Marienstift" und das dazu gehörige Siechenhaus „Bethanien" liegen; dahinter, am Riddagshäuser Wege, das „Rettungshaus", eine Erziehungsanstalt für verwahrloste Kinder.

Die Helmstedterstrasse entlang führt der Weg zum

61. Zentral-Friedhof mit teils schönen, beachtenswerten Grabmonumenten und einer Begräbniskapelle.

Der Weg führt von hier bis zum „Schöppenstedter Turm", einer Gastwirtschaft, und biegt dann links ab nach der

62. Buchhorst, einem schönen Walde mit guten Promenadenwegen, dem beliebtesten Ausflugsort vieler Braunschweiger. Im Sommer fährt vom Braunschweiger Hauptbahnhof ab des Sonntags nachmittags 3 Uhr bis hiether ein Extrazug.

Die Landstrasse sowohl wie ein westlich davon zwischen Feld und einem Teiche sich hinziehender schattiger Promenadenweg führt zu dem schön gelegenen

63. Riddagshausen, einem Vororte Braunschweigs, mit sehenswerter Kirche, erbaut Ende des 13. Jahrhunderts.

Auf dem Wege zur Stadt zurück liegt linker Hand die

64. Sportbahn, eine der bestkonstruierten Rennbahnen Deutschlands, wo alljährlich um den „Grossen Preis von Braunschweig" ein grosses Rennen veranstaltet wird.

Den Weg verfolgend über die Bahn hinaus, liegt rechts

65. der **Nussberg.** Auf der Anhöhe erhebt sich

66. Olfermanns Denkmal, errichtet zum Andenken an diesen General, der sich bei Waterloo besonders ausgezeichnet hat

Von hier hat man einen hübschen Ausblick auf die Stadt und ihre Umgebung. — Vor dem Nussberge erstreckt sich der

67. Prinzenpark, entstanden aus dem ehemaligen Exerzierplatz auf Veranlassung des Regenten, des Prinzen Albrecht von Preussen. — An der Stadtgrenze, dem Nussberge gegenüber liegt der wohlgepflegte

68. Stadtpark. Die davor neu erbaute Kirche ist die Garnisonkirche.

Die am Stadtpark endigende „Kaiser Wilhelm Strasse" sowie „Husarenstrasse" führen zurück nach der Stadt (s. unter No. 19 und weiter).

Ecke Husarenstrasse und Altewiekring liegt die

69. Husarenkaserne; an der Ecke der Hochstrasse das

70. Blinden-Asyl. Die Hochstrasse hinauf links der Kathol. Kirchhof. Daneben erhebt sich der neue

71. Wasserturm, von dem aus das nördlich von Braunschweig erbohrte Quellwasser in die Stadt geleitet wird.

Die Hochstrasse mündet in die Helmstedterstrasse, wo in dem Hause No. 7 der verstorbene, rühmlichst bekannte Erzgiesser Professor Howaldt seine Werkstätte hatte, die jetzt von Professor Rinkleben fortgeführt wird. Die Besichtigung ist gern gestattet.

An der Kasernenstrasse und am Fallerslebertore (s. Plan B 2) liegt die

72. Infanterie-Kaserne des Regiments No. 92. Dieses ist bekanntlich aus dem unter Friedrich Wilhelm berühmt gewordene „Schwarzen Corps" hervorgegangen und trug bis vor einigen Jahren noch die schwarze Uniform.

Der Infanterie-Kaserne gegenüber liegt der

73. Botanische Garten. Derselbe enthält viele seltene Gewächse und bietet dadurch dem Besucher einen ebenso interessanten wie angenehmen Aufenthalt. Der Garten ist ausser Sonntags täglich geöffnet von 8—12 und von 2—7 Uhr. Fremden ist auf Anfrage beim Garten-Inspektor der Zutritt auch ausser der Besuchszeit gestattet. Eintritt frei.

Von der Martinikirche oder dem Altstadtmarkte ab (s. No. 46a) kann man den Rundgang auch nördlich durch die Scharrnstrasse bezw. Breitestrasse (s. Plan C 4 [1]) fortsetzen. An dieser Strasse liegt das

74. Gymnasium Martino Catharineum oder Altes Gymnasium genannt und die

74a. Herzogl. Oberrealschule. — Auf der Scharrnstrasse sind einige alte Fachwerkhäuser zu beachten. — Diese Strassen münden auf den

75. Bäckerklint. Hier sowie auf dem daranstossenden „Südklint" und „Am alten Petritore" begegnet man noch einigen mittelalterlichen Fachwerkbauten. Da ist z. B. auf dem Bäckerklinte zu beachten das Haus No. 4, wo man die alte berühmte „Mumme" trinken kann. Dieses Getränk, so genannt nach ihrem Erfinder Christian Mumme (1492), ist ein dickflüssiger, alkoholfreier Malzextrakt, der als Zusatz zu Lagerbier am besten mundet.

Stammhaus

der

Bierbrauerei

Franz Steger

Diesem Hause gegenüber, am Eingange zur „Breitestrasse" sieht man das sog. Eulenspiegelhaus, geschmückt mit einer kleinen Statue Till Eulenspiegels.

Hier soll derselbe einen seiner vielen „Streiche" ausge-
führt haben, indem er seinem Meister in einer Nacht den
ganzen Teig statt zu Brot zu Eulen und Krähen formte
und backte, wodurch der Meister schliesslich ein reicher
Mann wurde.

76. Die **Friedrich-Wilhelm-Eiche** (s. Plan B 4)
am neuen Petritore, wurde an der Stelle gepflanzt, wo
Herzog Friedrich Wilhelm auf seinem Zuge durch Deutschland zur Nordsee in der Nacht vor der Schlacht bei
Oelper, am 1. August 1809, lagerte.

An der Cellerstrasse liegt das mustergültig ein-
gerichtete

77. **Herzogl. Krankenhaus,** eine allen hy-
gienischen Anforderungen entsprechende Anstalt. Es
enthält in einzelnen zweckentsprechenden Gebäuden Säle
und Einzelzimmer für Kranke mit besonderer Berücksichtigung ansteckender Krankheiten.

78. Das **Denkmal bei Oelper** ist zur Erinnerung an die Schlacht bei Oelper an der Stelle errichtet, wo dem Herzoge Friedrich Wilhelm das Pferd,
auf dem er ritt, erschossen wurde.

Durch den Vorort „O e l p e r" hindurchgehend, an
dem historischen „O e l p e r T u r m", einem Gasthaus,
vorbei, erreicht man bald den Oelper Wald und das

79. **Pavelsche Holz,** einen beliebten Ausflugsort vieler Braunschweiger Familien. Den Rückweg kann
man wieder über Oelper nehmen oder aber über L e h n d o r f
nach Braunschweig zurückkehren.

Vom Bäckerklint aus führt die Strasse „H i n t e r n
B r ü d e r n" an der

80. **Petrikirche** vorbei, die im 13. Jahrhundert
erbaut, jedoch architektonisch wenig hervorragend ist,
zu der im rein gothischen Stile 1345—1450 erbauten

Privat-Heilanstalt für
Nerven- und Gemüts-Kranke
bei WOLTORF (Braunschweig)

Post- und Eisenbahnstation: Woltorf.
Telegr.-Adr.: Heilanstalt Woltorf Peine.
Fernspr.-Anschluss: Amt Peine Nr. 288.

Dirigierender Arzt: Dr. med. AUGUST ALBER.

Schöne, ruhige Lage dicht am Walde inmitten aus-
gedehnter Parkanlagen. Modern eingerichtetes
Haus. Behandlung aller Formen nervöser und psy-
chischer Störung.

Prospekte gratis und franko.

81. Brüdernkirche, ehemals Gotteshaus der Franziskaner Barfüsser. Das Renaissanceportal der Nordseite stammt aus dem 16. Jahrhundert. Sehenswert sind die in Eichenholz geschnitzten Chorstühle und der ganz vergoldete Flügelaltar, sowie die Kreuzgänge. In dieser Kirche wurde 1528 auf Veranlassung des Rates die erste Reformationspredigt von B u g e n h a g e n gehalten.

Der Kirche gegenüber liegt die

82. Städtische Oberrealschule. Auf dem Platze davor das jüngst errichtete

83. Denkmal Bugenhagens, des Reformators von Braunschweig.

Die **Umgebung Braunschweigs** bietet den Einwohnern durch die Nähe der schon auf Seite 25 erwähnten Wälder den schönsten Aufenthalt im Freien und in guter, reiner Luft. Nicht vergessen seien hier auch noch die grossen, schönen Waldungen westlich von Braunschweig, das **Fürstenauer Holz.** Hier befindet sich in ruhiger schöner Lage eine Privat-Heilanstalt für Nerven- und Gemütskranke unter der Leitung des Dr. med. Alber.

Diese Anstalt liegt in der Nähe des Bahnhofes Woltorf an der Strecke Braunschweig-Hannover. Sie ist staatlich konzessioniert und nimmt Kranke beiderlei Geschlechts auf. Erbaut im Jahre 1897 und im Verlaufe des Jahres 1903 teilweise umgeändert, ist die Anstalt den Forderungen der Neuzeit entsprechend eingerichtet, wobei alle gesundheitlichen Vorschriften Berücksichtigung gefunden haben. Die fast staubfreie, reine Luft, die ruhige Lage, die Nähe der prächtigen Waldungen sichern ihr unter den Anstalten gleicher Art eine bevorzugte Stellung. Sie wird deshalb von nervenkranken Personen gern für längeren oder kürzeren Aufenthalt gewählt, um daselbst unter fachkundiger ärztlicher Behandlung bei guter Pflege Heilung ihres Leidens zu suchen.

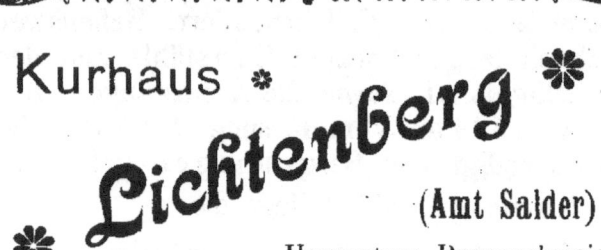

Kurhaus ✼ *Lichtenberg* ✼

(Amt Salder)

Herzogtum Braunschweig

Bahnstation der Braunschw. Landes-Eisenbahn

Prachtvoller Hochwald, herrliche und gesunde Lage am Fusse des Burgberges.

Bester Sommeraufenthalt, ruhig und angenehm für Familien sowie einzelne Personen.

Logierräume mit allen Bequemlichkeiten.

Pensionspreis M 4.—; bei längerem Aufenthalt Preise nach Uebereinkunft.

Besitzer: **Chr. Everling.**

In der Nähe der Stadt Braunschweig, nordwestlich liegt das **Pavelsche** resp. **Oelpersche Holz** mit dem Restaurant: O e l p e r W a l d h a u s; ferner das **Querumer Holz,** das leicht vom Hauptbahnhof aus mit der Bahn (Haltestelle Querum) in wenigen Minuten zu erreichen ist. Im Osten der Stadt bieten die herrliche **Buchhorst** und die Dämme der fischreichen Teiche bei der schön gelegenen Ortschaft Riddagshausen vielen Braunschweiger Familien ständigen Sonntagsaufenthalt. Im Süden der Stadt, zu Fuss oder in kurzer Fahrt mit der elektrischen Bahn vom Augusttor ab, liegt nicht weit von Wolfenbüttel das **Lechelnholz** mit dem Restaurant S t e r n h a u s, dem Restaurant A n t o i n e t t e n r u h, sowie am Südrande des Holzes das sogenannte K u r h ô t e l

Zu erwähnen sind ferner noch die herrlich bewaldeten Berge der **Asse,** auf deren südlicher höchster Erhebung die **Bismarcksäule** aufgebaut worden ist, ferner der östlich von Braunschweig gelegene Höhenzug der **Elm,** dann noch südwestlich die **Lichtenberge** mit dem K u r h a u s gleichen Namens. Der Elm ist mit der Bahn vom Hauptbahnhof oder Nordbahnhof, die Lichtenberge vom Nord- oder Westbahnhof in kurzer Zeit zu erreichen.

Fernspr. 1526.   Stobenstr. 11.

Lessingschänke.

Konzerthaus I. Ranges.

Täglich Freikonzert
der bestrenommierten Damenkapellen.

✳ Wintergarten ✳
Sehenswürdigkeit Braunschweigs.

Vorzügl. Küche.
Täglich Mittagstisch und Abend-Stammessen
ausserdem Speisen à la carte.

Gut gepflegte Biere und Weine
aus ersten Häusern.

Franz Strecker Nachfl.
Inh.: Oskar Hartkopf.

Geschäfts-Verzeichnis.

Braunschweiger

Wurst- und Fleischwaren-Fabrik

Fritz Dieckmann

Braunschweig

Güldenstrasse 6, nahe dem Hauptbahnhof

Gegründet 1866 ♦ Fernsprecher 1083

empfiehlt in bester Qualität:

Verschiedene Arten Schinken,
Schlackwurst, Cervelatwurst,
Mettwurst, ff. Leberwurst,
Hausmacher Leberwurst mit Flocken,
Sardellenleberwurst,
Trüffelleberwurst,
Delikatess-Rotwurst, extra mager,
Braunschweiger Würstchen.

Täglicher Versand per Bahn und Post.

Eigene Kühlanlage.

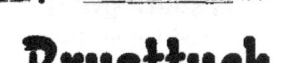

Haupt-Eingang zum neuen Rathause.

Der Siegesplatz.

Der Hagenmarkt und der Heinrichsbrunnen.

Das Herzogliche Residenzschloss.

Der Burgplatz mit dem Löwendenkmal.

Kaiser Wilhelm-Strasse.

Der Bohlweg.

Das Sieges-Denkmal.

Schills Denkmal.

Ein Teil der mit Villen bebauten Wallpromenaden: Die Petritorpromenade.

Die Herzogl. techn. Hochschule.

Lessings Denkmal.

Gauss-Denkmal.

Burg Dankwarderode.　　　Rathausturm.　　　Der Dom St. Blasii.

Löwendenkmal.

Das Altstadt Rathaus.

Abts Denkmal.

Zeitfracht Medien GmbH
Ferdinand-Jühlke-Straße 7
99095 Erfurt, Deutschland
produktsicherheit@kolibri360.de